賽雷三分鐘
漫畫世界史

賽雷 全彩漫畫作品

賽雷三分鐘漫畫世界史 2

目 錄

斯里蘭卡

美麗海島的難過往事

話說在唐朝時期，高僧玄奘西行取經歸來，奉皇帝的命令寫遊記講述自己在西行中的見聞，搞出了一套《大唐西域記》。

書裡記載了一個傳說，傳說瞻部洲有位大商人，他的兒子叫僧伽羅。有一次僧伽羅和五百商人入海採寶，隨波漂流到一個不知名的海島。島上住著羅剎女，她們迷惑並囚禁了商人，只有僧伽羅逃了出來。

哪知羅剎女追著僧伽羅來到了瞻部洲，還迷惑了國王，殘害了皇宮中的所有生靈。後來眾官推舉僧伽羅為國王，僧伽羅帶領軍隊攻到島上，殺掉了羅剎女，並救出了被關起來的商人，獲得了許多珍寶。

凱旋後，僧伽羅招募百姓，遷居島上，在島上建都築邑，並以國王之名作為國號，僧伽羅國就此建立。

雖然斬妖除魔的橋段很魔幻，但玄奘所說的僧伽羅國是真實存在的，即今天的斯里蘭卡。

斯里蘭卡是一個島國，就在印度往南不遠處的海上。

大約3萬多年前，就有土著生活在斯里蘭卡。西元前5世紀，一群印度先民渡海來到了斯里蘭卡。

這兩個族群相遇之後，開始聯姻通婚，逐漸融合形成了一個新的民族——僧伽羅民族。

由於斯里蘭卡土地肥沃，種什麼都豐收，氣候又非常宜人，僧伽羅人在這裡過得無比快活，每天都像在度假一樣。

後來，隔壁的鄰居羨慕了，也想過來玩玩。他們就是住在海對面印度的坦米爾人。

從理論上說，朋友來了，要好好招待，只可惜這兩族有點聊不來。

僧伽羅人的祖先來自印度北方，坦米爾人則是來自印度南方。

他們的膚色、外貌並沒有非常大的區別，但習俗和文化差別就大了：比如說，他們的語言完全不同；又比如說，僧伽羅人信佛教，坦米爾人信印度教。

僧伽羅人不想招待坦米爾人，但坦米爾人執意要來，於是就上演了敵人入侵的戲碼，雙方大打出手。

這一打就打了上千年，從西元前3世紀到西元16世紀，兩族人都忙著殺來殺去，斯里蘭卡就沒有哪一天安穩過。

這場戰爭之所以能耗這麼久，主要是因為微妙的力量對比。

登上斯里蘭卡島的坦米爾人遠遠少於僧伽羅人，由於年代久遠，當時的人口比例我們不得而知，可以肯定的是，僧伽羅人至少是坦米爾人的數倍，甚至是數十倍。

但你放眼整個南亞形勢就不一樣了，整個南亞的坦米爾人是僧伽羅人的幾十倍，住其他地方的坦米爾人經常來支援島上的同族，所以雙方總是打得有來有回。

16世紀，他們終於停止爭鬥了，倒不是看透了恩恩怨怨，而是西方人來攪局了。先是葡萄牙，後來是荷蘭、英國。

西方人帶著堅船利炮而來，把落後的當地人都打倒了，然後建立起殖民地。類似這樣的劇情，已經在世界各地上演過無數次，斯里蘭卡也沒能倖免。

18世紀末，英國人占領了整個斯里蘭卡，島上的坦米爾人和僧伽羅人都只能屈膝臣服。

以後這裡，我說了算！

是……

是……

英國人在這裡開闢了很多種植園，種咖啡、種茶、種橡膠，然後高價賣到歐洲去。

手腳都快點，這些東西運回歐洲就是錢呀！

但種地也是需要人手的，於是英國人找上了僧伽羅人，僧伽羅人終於碰見個報復的機會，搞起了「佛系」抵抗，出多少錢都不去。

我僧伽羅人就是餓死，從這裡跳下去……然後沒有「真香①？」，僧伽羅人也是蠻有骨氣的，說得出就做得到，硬是讓英國人沒招到工人。

①網路用語，指發誓不做某件事但最後還是去做了。

於是英國轉向了坦米爾人，這一族就沒那麼講究了，給錢就賣力幹活。英國人非常開心，又從印度那邊招了一大批坦米爾人來島上種地。

更多坦米爾人的不請自來，讓僧伽羅人越發憤怒，有種生存空間被擠壓的感覺。

本來就有千年的舊賬，現在立場又不同，生存利益上的衝突更多了，這導致僧伽羅人和坦米爾人之間怨念只加不減，島上的火藥味越來越濃。

這時候英國又為了自己私利，使出了一條很缺德的詭計，俗稱「挑撥離間」。他們刻意優待坦米爾人，在當時僅占全國人口10％左右的坦米爾人卻享受了約30％的大學入學名額，擔任了政府中約40％的職位，可謂是大權在握。

然後英國又宣布模仿本土的制度搞民主,進行一人一票選舉。人數占絕對優勢的僧伽羅人,又有了反撲奪權的機會。

二戰之後,英國衰落,慢慢失去了對殖民地的掌控。1948年2月4日,英國人離開了這個島嶼,斯里蘭卡隨後宣布獨立,成為英聯邦的一個自治領,稱錫蘭。1972年5月22日,改國名為斯里蘭卡共和國。

英國人回去都沒還下飛機呢，就聽說斯里蘭卡亂了，為了爭政府職位名額，兩族人吵得不可開交。

後來為了爭官方語言到底用誰的，兩族人直接開始了武鬥，我砸你家的店鋪，你燒我家的汽車，幾百人喪命，上萬人無家可歸……

就這樣來來回回折騰，一月一小鬧，三年一大鬧，到（20世紀）80年代，僧坦衝突升級成了武裝衝突。代表坦米爾人的猛虎組織和僧伽羅人領導的斯里蘭卡政府，開始用炸彈和子彈招呼對方。

出於對祖上傳統的尊重，雙方再次打得有來有回。但猛虎組織有點缺德，沒事喜歡搞搞恐怖襲擊和屠殺，就是拿平民出氣。

於是在世界各國眼裡，它從一支反政府武裝變成了恐怖組織，大家紛紛跑去幫政府軍，於是猛虎組織慢慢地就扛不住了。

2009年5月，政府軍攻克了猛虎組織的最後一個據點，順便幹掉了他們的頭目。持續26年的斯里蘭卡內戰宣告結束，而這場戰爭背後的代價，是超過7萬人的生命。

政府為了避免重蹈覆轍，宣布與坦米爾人和解，宣導民族團結，各宗教和平共處，大家都享受平等的待遇，所以從2009年到現在，斯里蘭卡一直比較平靜，看起來正朝著幸福生活奔去了。

讓我們手牽手，朝著幸福前進！

三分鐘

這兩幫人雖然握手言和了，但終歸打了上千年，還需要時間來培養真正的信任和感情。

如果別有用心的人，刻意激化兩族矛盾，挑起爭端，難免會讓彼此產生不信任感，從而讓兩族的關係再次出現裂痕。

以後不要跟那種人一起玩！

僧伽羅人和坦米爾人好不容易才迎來了和平，但長期敵視與爭鬥而造成的隔閡仍未完全消除。極少數極端民族主義人士仍潛伏在暗處，伺機破壞來之不易的和平。

我家的車輪胎是不是你偷的？！

我呸！我還沒說我丟了錢呢，是不是你拿的？！

要和諧，要有愛……

2019年4月21日，斯里蘭卡遭遇了極惡劣的恐怖襲擊，一天之內8起爆炸事件，250多人遇難，500多人受傷。

在「最黑暗的一天」之後，還陸陸續續發生了好幾起恐怖襲擊事件，警察出動抓捕恐怖份子，又把街頭變成了戰場。

根據事後的調查，襲擊的策劃者是本地極端份子，並且得到了恐怖組織 ISIS 的支援，目的是清除不同信仰者。這個才迎來和平不久的國家，再一次被血腥味籠罩了，斯里蘭卡各個族群間的信任也再一次出現裂痕。

希望今後在危急關頭時，斯里蘭卡人都能冷靜思考，不要因為舊時恩怨而衝動，要與自己的同胞維持住來之不易的和平。

2

所羅門群島

所羅門王的寶藏

據《聖經》記載，古時候有個叫所羅門的國王，他擁有數不盡的財富，金銀珠寶堆滿了他的家。

但是在所羅門死後，這個國家被外敵入侵，敵人衝進宮殿，卻只找到很少一部分財寶，敵人認定其他的財寶早就被轉移走了。

讀《聖經》、信上帝的西方人，非常關心這筆傳說中財富的下落，癡迷於去世界的各個角落尋寶。

於是在西元1568年，一個西班牙航海家帶著船隊在太平洋上探險。

他在今天的澳大利亞旁邊，找到了一大片島嶼。

西班牙人驚訝地發現，島上的土著人個個穿金戴銀，家家戶戶都有大把財寶，簡直壕①氣萬丈！

他瞬間覺得，自己找到了傳說中的所羅門王的寶藏，於是就給這兒取名叫所羅門群島。

①網路用語，土豪的簡稱，在這裡指財大氣粗。

所羅門群島不僅有很多富豪土著，它的自然環境也很好，由900多個大小島嶼組成，遍地都是絕佳海景房，出去隨便串個門走走親戚啥的，可能就是一次出海跨島遊。

而且所羅門群島有很多很多樹林，光靠賣木材就能發家致富。所以西班牙人動了邪念，想要占領所羅門群島，把這裡變成他們的殖民地。

結果當地的土著並不好欺負，抓著他們一頓暴打。因為所羅門群島離西班牙本土太遠，很難召喚大量的援軍助戰，西班牙人只能放棄占領所羅門群島。

後來也有許多西方國家想要嘗試占領所羅門群島，但都被驍勇善戰的當地土著借助群島多樹林、方便埋伏的環境打得灰頭土臉。因此所羅門群島暫時沒有淪為西方人的殖民地。

1767年，英國殖民者開始染指這片土地。1860年以後，大量歐洲殖民者紛至遝來。完成了工業革命的歐洲人，變得更強之後捲土重來了，當地土著毫無還手之力，德國人和英國人分別吃下了所羅門群島的一部分。

英國作為殖民專業戶，很想獨吞整個所羅門群島，就用了一些其他利益作為交換，終於在1900年和德國達成交易，成功把整個所羅門群島變成了自己的後花園。

今天是個好日子，心想的事兒都能成……

雖然淪為了英國的殖民地，但是所羅門群島很快將迎來它一生中最光輝耀眼的時刻，它將在第二次世界大戰中發揮至關重要的作用！

1941年，瘋狂的日本人已經占領了幾乎整個東南亞地區。
但是他們還是野心勃勃，決定繼續擴張。

於是他們占領了所羅門群島的幾個島嶼，準備把這幾個島當作基地，切斷美國與它的盟友澳大利亞之間的補給路線。

當時以美國為首的盟軍，還是把主要精力放在對抗德國的歐洲戰場，在太平洋戰場這邊，美國還是以防守為主，沒什麼反攻的動作。

①日語音譯詞，意為叔叔。

但是美國有一位將軍覺得：絕對不能讓日本人在所羅門群島站穩腳跟，否則後果不堪設想，應該立即、馬上奪回所羅門群島，否則二戰就等著輸吧！

但是也有人表示反對，往太平洋地區派兵，肯定會分散美國在歐洲的資源和兵力，到時滅不了希特勒，誰來承擔這個責任？

經過激烈的辯論後，美軍最終決定還是不能放任日本人在太平洋地區作威作福，一定要奪回所羅門群島，挫一挫日本人的銳氣。歷史證明這個決定英明無比。

於是美國閃電出擊，1942年8月開始對所羅門群島發起了猛烈的進攻，打了日本人一個措手不及，成功奪下了所羅門群島的好幾個重要島嶼。

日本人嚥不下這口氣，也馬上組織反攻。美軍和日軍開始了長達半年的所羅門群島爭奪戰。

在這半年裡，日軍和盟軍在所羅門群島進行著海陸空無死角搏殺，戰況異常激烈。

①日語音譯詞，意為笨蛋。

到了1943年2月，日本方面共有2.46萬人陣亡，30餘艘軍艦沉沒，損失300多架飛機，日方損失慘重，不得不撤離了所羅門群島，美軍獲得了勝利。

日本的主要戰犯之一，海軍艦隊司令官山本五十六乘坐飛機到所羅門群島視察時，也被美軍給打了下來，當場斃命，讓飽受日軍蹂躪的人們出了一口惡氣。

這場戰役過後，日軍失去了在太平洋地區繼續擴張的實力。美軍乘勝追擊，正式轉守為攻，陸續收復被日軍占領的地區，逐步逼近日本本土。

巧合的是，差不多也是同一時間，蘇聯在歐洲戰場上贏得了史達林格勒戰役的勝利，這場大戰也是德國命運的轉捩點，從此德國不再有擴張的實力，蘇聯轉守為攻，最終打進了希特勒的老巢。

所以在所羅門群島上發生的戰役和史達林格勒戰役一樣，是盟軍轉守為攻的歷史性轉捩點，沒有這些決定性的戰役，就沒有最後的勝利！

戰後，所羅門群島卻不得不面對島上經濟在戰爭中被嚴重破壞的事實。

由於二戰後的英國實力大減，沒什麼精力管理殖民地，只能把權力逐步還給所羅門群島的居民，讓他們自己照顧好自己。

既然英國已經無暇顧及，那就自力更生吧！1978年，所羅門群島宣布獨立，但是依然屬於英聯邦成員國，以英國女王為國家元首，但是管理上已經和英國無關了。

獨立建國後，所羅門群島的經濟以農業、漁業、林業為基礎，屬於低收入國家。大多數人口依靠務農、捕魚、種植為生。

由於工業技術落後，所羅門群島的金礦也沒有得到充分利用，所以所羅門群島很難自己養活自己，必須依靠英國、日本、澳大利亞和紐西蘭等國家的援助，才能勉強維持生活。

20世紀末，由於森林資源的過度開發，所羅門群島的生態岌岌可危，政府只能減緩對森林資源的開發，大幅減少木材出口。一個支柱產業倒下，所羅門群島的GDP瞬間下跌，變得更窮了。

中國雖然因為種種原因到2019年9月才跟所羅門群島建交，但中國一直也挺關心這個二戰功勳之國的。

2007年，所羅門群島發生7.8級地震，中國就迅速捐了款，幫助他們進行災後重建。

2010年，中國還邀請所羅門群島來參加上海世博會，並開設所羅門群島館，向世界展示所羅門群島的海島魅力和海島文化。

現在，中國已經成為所羅門群島最大的交易夥伴，民間來往很頻繁。

2019年9月21日，所羅門群島正式和中國建交，而就在建交的前幾天，中國中鐵就中標了所羅門群島價值約57.8億元人民幣的金礦專案，幫助所羅門群島更好地開發他們的資源。

而所羅門群島本身也是一個風景優美的旅遊勝地，這裡沿海地勢平坦，海水潔淨無污染，堪稱世外桃源。

和中國建交後，如果所羅門群島能好好開發旅遊資源，吸引大量的中國遊客，然後再跟中國多搞搞貿易，大家互通有無，對當地的經濟肯定大有幫助。

所羅門王的寶藏終究只存在於傳說中，所羅門群島的財富，還是要靠當地人自己的雙手去創造。

3

塞爾維亞

遠方的朋友

世界上的每個國家，都希望自己能永遠保持完整，不要分裂；希望國民們和睦地生活在一起，有福同享，有難同當，攜手度過悠長的歲月，共同書寫這個國家的歷史。

但不是每個國家都能實現願望，這世界存在著弱肉強食的潛規則，如果一個國家肌肉不夠結實，自身也不夠團結，就可能成為強國案板上的肉，慘遭肢解。

塞爾維亞人飽嘗國家分裂的痛苦。他們一次又一次目送著同胞離開，自己卻什麼都做不了，只能抱著無盡的遺憾繼續生活。

怎一個「慘」字了得的塞爾維亞，是個位於東歐的小國。塞爾維亞周圍還有很多小國，它們曾經是一家人，並且擁有過統一的稱呼——南斯拉夫。

「南斯拉夫」這個詞的意思，其實就是去了南方的斯拉夫人。在兩千多年前，還處於原始氏族公社制發展階段的斯拉夫人，住在歐洲的維斯瓦河河谷。

斯拉夫人不斷繁衍，人一多，地不夠了，就必須遷徙。

根據搬家方向的不同，斯拉夫人分成了三支。東斯拉夫人就是俄羅斯人、烏克蘭人等的先祖，西斯拉夫人是波蘭人、捷克人等的先祖，而南斯拉夫人，建立了塞爾維亞和它周邊的鄰國。

西元 11 世紀中期，在沃伊斯拉夫大公的領導下，塞爾維亞人開始團結一致，不屈不撓地抵抗東羅馬帝國的侵略，最終建成了一個組織較為健全的國家。在這個時候，歐亞大陸上已經出現很多強國了。它們經歷幾百年的發展，實力不是新生的塞爾維亞能比的。

而塞爾維亞地理位置特殊，它位於巴爾幹半島，這裡是亞歐非三洲的十字路口，用我們的老話來講，這裡是兵家必爭之地。所以塞爾維亞一直處於亞歐強國的侵略壓迫之下，還被當成肥肉搶來搶去。

塞爾維亞真正實現獨立，已經是 19 世紀的事了。長期統治南斯拉夫民族的鄂圖曼帝國，與俄國有利益衝突，俄國為了永久地削弱土耳其帝國，支持南斯拉夫人自己當家做主。

於是乎，南斯拉夫人紛紛開始鬧獨立，鄂圖曼帝國當然是不願意的。但是它在戰爭中被俄國擊敗，不得不放棄了對南斯拉夫人的統治。

所以在巴爾幹半島上，瞬間冒出了很多新的國家，塞爾維亞也因此重生。

各位可能要問了，既然都是南斯拉夫人，為什麼不建立一個統一的國家呢？

原因很簡單，所謂「南斯拉夫民族」，在當時已經變成了一個虛無的概念，各分支之間並沒有認同感！

因為巴爾幹半島多山，古代搬遷而來的南斯拉夫人彼此之間的聯繫並不緊密，在歷史長河中，各支南斯拉夫人發展出了不同的文化和習俗，他們都不再視彼此為同族。

歐亞強國統治這裡的時候，為了避免南斯拉夫人聯手反抗，又刻意分化他們，挑起他們間的矛盾。

再加上巴爾幹半島自然條件一般，能耕種的平原比較少，各支南斯拉夫人沒少因為搶奪生存空間而互毆。

南斯拉夫人的後裔並非鐵板一塊，這正是歐洲列強最喜歡的局面。小國互相敵對，通常會找大國來撐腰。

這樣就變成了英、法、俄、奧匈帝國各自在巴爾幹半島有個小弟，大家都在這塊戰略要地安插了自己勢力。

但是在1945年，歐洲列強不喜歡的局面出現了。在巴爾幹半島上，出現了一個大國——南斯拉夫聯邦人民共和國。

它由六個南斯拉夫人國家合併而成，克羅埃西亞、斯洛維尼亞、馬其頓、波士尼亞與赫塞哥維納、黑山，以及我們的主角塞爾維亞。

事情變成這樣，主要是因為在二戰中納粹占領了巴爾幹半島，在民族危亡的關鍵時刻，南斯拉夫共產黨站了出來，組織人民成立了南斯拉夫人民解放遊擊隊總司令部，鐵托任總司令。最終南斯拉夫人民在蘇聯紅軍的幫助下解放巴爾幹半島，建立了一個統一的社會主義國家。

鐵托非常勇敢,在納粹入侵時,他組織起了遊擊隊,天天就逮著納粹兵打,被視為抵抗精神的象徵,在各支南斯拉夫人中都很有威望。

因為有鐵托的領導,以及共同對抗納粹的戰友情,這幾個互相之間不太處得來的小國,勉強湊成了一個大的國家。

雖然南斯拉夫跟蘇聯同為社會主義制度國家，但是鐵托不想跟蘇聯混，他奉行不結盟政策。

說白了就是不選邊站，只要你別跟我為敵，那我就把你當朋友。

作為近鄰的歐洲各國，自然也是鐵托想要交好的對象，然而這只是一廂情願。

歐洲強國想要一個分崩離析的巴爾幹半島，方便自己安插勢力，所以心懷著肢解南斯拉夫的鬼胎。

只不過它們怕逼急了，南斯拉夫會完全倒向蘇聯，所以暫時跟南斯拉夫笑嘻嘻。

20世紀末，歐洲強國最終撕下了虛偽的面具。當時鐵托已經去世，作為社會主義老大哥的蘇聯，也已經走向衰落。

南斯拉夫人陷入了迷茫，不知道國家未來何去何從。歐洲列強開始執行肢解計畫，暗中煽動分裂主義。

20世紀90年代初，南斯拉夫六個加盟國家中，有四個在歐盟支持下鬧起了獨立，而塞爾維亞反對他們獨立。

如果說南斯拉夫是一棵樹，塞爾維亞就是樹幹，南斯拉夫的主要政治機構都在塞爾維亞，就連首都也位於塞爾維亞，樹幹會願意人家砍自己的樹枝？所以內戰爆發。

當然，願不願意是一碼事，能不能阻止就是另一碼事了。塞爾維亞根本無力抗衡，在內戰中被有歐盟支援的自家兄弟擊敗，只能眼睜睜看著他們離家出走，南斯拉夫解體。

滿心悲涼的塞爾維亞，只能跟唯一一個沒走的兄弟——黑山，重新組建了國家，即南斯拉夫聯盟共和國，俗稱南聯盟。

都六個變兩個了，歐洲強國還不準備放過南聯盟，覺得這國家還是有點大，可以再拆一拆，於是科索沃戰爭爆發了。

1996 年，塞爾維亞的科索沃地區，分裂勢力開始抬頭，搞起了恐怖襲擊，殺害塞爾維亞官員和軍人。

而南聯盟的核心國塞爾維亞，自然不能忍，派軍隊進入科索沃鎮壓。

然後歐洲強國跟美國聯手，說南聯盟在科索沃搞屠殺，屬於侵犯人權，這些「世界警察」們在沒有得到聯合國授權的情況下，直接派軍隊轟炸南聯盟，把南聯盟的軍隊逼了回去，這就是科索沃戰爭。

連續78天的轟炸，以美國為首的北約聯軍往南聯盟投彈13000噸，不僅攻擊南聯盟的軍隊，也襲擊平民。轟炸造成南聯盟300多所學校被毀，20多家醫院被夷為平地。

以中國的立場始終是反對北約轟炸南聯盟的。干涉別國的內政，說白了就是侵犯主權，等同於侵略。

1999年5月7日貝爾格勒時間晚11時45分（北京時間8日凌晨5時45分），以美國為首的北約悍然轟炸了中國駐南大使館。三名中國記者當場遇害，美國解釋說是「誤炸」，但外界普遍認為這是對中國反對空襲的報復。

這場戰爭之後，南聯盟失去了對科索沃的掌控，西方國家大多承認了科索沃獨立，但是中國沒有承認，也拒絕接納科索沃進入聯合國。

中國人非常明白領土完整的重要性，也知道國家分裂是多麼可怕的事，所以支持南聯盟維護主權。

科索沃戰爭還有個後遺症，因為被炸的主要是塞爾維亞，另一個成員黑山損失很小，兩者的經濟差距越來越大。黑山開始嫌棄塞爾維亞，覺得它拖累了自己。

於是在2006年6月，黑山也宣布分家過日子，南聯盟瓦解。

曾經的南斯拉夫六子，只剩下塞爾維亞這個遺孤。事情到這個地步，塞爾維亞也開始尋求出路，拉下面子向自己的仇人們示好，請求加入歐盟，跟著大佬們一起賺錢。

歐盟則開出的條件是，你承認科索沃獨立，我就讓你加入歐盟。這已經不是談判了，這是赤裸裸的羞辱。塞爾維亞人也知道，這種合約簽了就是喪權辱國，肯定是拒絕的。

於是一切如前，歐盟繼續排擠塞爾維亞，各種制裁、貿易禁運。

而塞爾維亞一直積極尋求其他發展機會，謀求與其他國家的合作，同時塞爾維亞人也在等待著科索沃回到祖國，即使他們知道可能性很小，也想保留最後的倔強。

也許塞爾維亞人自己都說不準，在殘酷的現實面前，這份倔強還能堅持多久。但他們很清楚，遺忘和放棄就是對歷史的背叛。

4

加拿大

楓葉之國

1969年2月13日，加拿大魁北克省蒙特利爾市的證券交易中心裡人流湧動，大家專心盯著螢幕上變化的數位，關注著財富的曲線。

突然間一聲巨響，衝擊波震碎了所有玻璃，撕裂了天花板，把人們掀翻在地。在爆炸中有27人受傷，大家很快意識到是一枚炸彈爆炸了——魁北克遭遇了恐怖襲擊！

這枚炸彈只是一個開始，在接下來的幾個月裡，蒙特利爾市市長險些被炸死，多所學校收到襲擊威脅。

市長！恐怖份子又開始襲擊了！

我已經知道了……

1970年10月，先是一名英國外交官被綁架，隨後魁北克省的勞工和移民部部長也被恐怖份子抓走並處決。

嘿嘿嘿！這次是你們部長，下次就是省長了！

市……市長……看來你還是福大命大的……

這夥恐怖份子的行徑堪稱殘暴，理論上來說，應該是人人喊打才對。但是在魁北克省，有近萬名學生罷課，走上街頭聲援恐怖份子，加拿大政府不得不派軍隊控制場面，把示威人群逼回家。

之所以會出現普通人支持恐怖份子的奇景，是因為他們的訴求一致。恐怖份子製造這麼多慘案，是為了逼加拿大政府允許魁北克省獨立，而魁北克當地人也希望獨立。

為什麼加拿大內部會鬧分裂呢？

這個事情就說來話長了，得追溯到幾百年前，加拿大連國家雛形都沒出現的時候！

加拿大位於北美洲，在10000多年前這裡就有人類活動。

加拿大的原住民主要是住在寒冷地帶的因努特人，以及住在較溫暖的地帶的印第安人。

在幾千年的歲月裡，加拿大一直保持著與世隔絕的狀態，跟外界少有來往。直到 15 世紀末，航海家喬瓦尼・卡博托受英國國王的委託，從歐洲漂洋過海而來，成功在加拿大登陸。

歐洲人很快發現，加拿大是一塊風水寶地。森林和礦產資源豐富，氣候、土壤也適合耕種，還能從擅長打獵的原住民手裡買到很多動物皮毛，倒賣回歐洲賺差價。

於是越來越多的歐洲人搬過來，他們在加拿大建立了殖民地。

英、法是當時歐洲的兩大強國，也是在加拿大占地的大戶，今天的魁北克省，當年就屬於法國的勢力範圍。

這塊殖民地裡，住著法國人和他們的後代，以法語為官方語言，實行法國的法律，大家都信仰天主教。

因為英國和法國在搶霸主的交椅，所以三不五時就打一仗，這哥倆不僅在歐洲本土打，還把戰火燒到了海外的殖民地，加拿大這邊也不能倖免。

1759年，英軍與法軍在魁北克地區幹了起來，戰況非常慘烈。雙方將領先後戰死，但是英軍笑到了最後，他們擊敗了頑強的對手，占領了法國在北美洲的殖民地。

在歐洲戰場上，法軍也沒能打過英軍，最終法國選擇求和，以一紙《巴黎和約》，承認自己在北美的一部分殖民地已經歸英國所有，吞下了戰敗的苦果。

這是法國歷史上最恥辱的事件之一，尤其是對生活在魁北克的法國人而言。他們挨了英國人炮彈、槍子，如今還要接受英國的統治，想嚥下這口氣是不太容易的，但是家在這兒，想跑也跑不掉……

英國人也知道，光拿到地還不夠，生活在這裡的人不在了等於是白費勁，所以想討好他們。英國將原法國殖民地單獨劃出，建立了魁北克省，在這裡繼續實行法國法律，允許法裔居民保留他們的文化。這麼一來，魁北克的法裔就稍微消點氣了。

然而好景不長，英國在北美洲的另外一些殖民地鬧起了獨立，它們合夥建了美國。

這些離家出走的殖民地裡，也有些居民不願意獨立，生要做英國人，死要做英國鬼，於是他們就逃出了美國。

英國把這幫講英語的難民就近安置在了講法語的魁北克省。為了不讓法裔欺負他們，英國還特意將魁北克一分為二，即法裔居住的下加拿大省，以及英裔居住的上加拿大省。

下加拿大
上加拿大

這樣分，挺好！

這就好比你在村裡建了三層樓房，準備入住時你們村長帶了一家陌生人過來，讓你必須分一層給這家人，沒有理由且沒商量！情緒剛剛平靜下去的法裔又激動起來，1837年，被擠到了下加拿大省的法裔居民開始大規模暴動，最終演變成了武裝起義。

這不是變相壓榨咱們嗎？!

可惡，不能忍！

給他們點顏色瞧瞧！

你們這是要造反嗎？

把土地還給我們！

出來！

不過「起義」只是他們自己的說法，對於英國來說這叫叛亂。英軍很快就趕來鎮壓，北美地區的英裔居民也自發組織民兵隊參戰，在絕對的實力差距面前，下加拿大的起義很快就失敗了。

戰爭結束之後，英國政府分析北美地區的形勢，覺得不容樂觀。法裔本來就不服英國的管理，也憎恨當地的英裔，這回英裔也參加了鎮壓行動，仇恨進一步加深，再這樣下去就永無安寧了。

英國高層想出的解決方案是：

1. 鼓勵法裔與英裔同化，即刻取消分劃措施，將上、下加拿大省合併。
2. 減少英國政府對殖民地的管控，允許北美的各塊殖民地成立一個統一的自治政府。
3. 向西部擴張，避免法裔和英裔爭奪生存空間。

1867年7月1日，加拿大聯邦正式成立，變為了英國的一個自治領。它不僅包含上、下加拿大省，也包括之後陸續加入的英國在北美的其餘殖民地，這一天被視為加拿大的建國日。

與此同時，加拿大的政府與資本家從東海岸出發，往西海岸方向前進。

他們一路上不斷與碰見的印第安人交易，購買他們的土地，然後改造成農場、礦場，並修建鐵道改善交通，讓加拿大的實際控制範圍越來越大。但在向西部開發的過程中，也給土著人的生計造成一定的困難。

英國政府的自治政策以及生存空間的擴張，稍微緩解了法裔與英裔之間的矛盾，讓他們至少不會打架了，同時也給加拿大帶來了發展的機遇，但是沒有從根本上解決矛盾，法裔與英裔的隔閡一直都在。

舉兩個例子。上、下加拿大不是合併了嗎？但是合併沒幾年，就因為法裔與英裔想法差別太大，眾口難調，實在是沒法管理，再次分裂為兩個省，即今天的安大略省和魁北克省。

第一次世界大戰的時候，英國不是被捲進去了嗎？加拿大作為自治領，也有參戰的義務。然後英國跑到以法裔為主的魁北克省想強制徵兵，法裔死活不願意去，甩下一句「不替講英語的人賣命」。

加拿大的政府一直試圖強化各個族裔之間的認同感，各自不要再想著自己是什麼法裔、英裔，大家都是加拿大人。

加拿大特意把英語和法語同時列為官方語言，還扔掉了有英國特徵的國旗，用上了自創的楓葉旗，可謂用心良苦。

然而法裔並不怎麼買帳，因為在20世紀60年代末，當時全球工業化進程加快，而魁北克的法裔居民大多從事傳統農業，他們的生活水準逐漸被其他加拿大人甩開，就覺得自己在這個國家很難混。

再加上有很多英裔資本家來到魁北克省投資興建工廠，從這兒賺了一筆又一筆錢，更引發了法裔居民的反感。

與日俱增的不滿情緒最終催生了分裂主義，部分法裔居民開始高呼魁北克獨立。

還有些人走極端，直接整了個恐怖組織，即臭名昭著的「魁北克解放陣線」，他們接連製造恐怖襲擊事件，於是就有了我們開頭說的那一幕。

忍無可忍的加拿大政府，直接派軍隊接管了魁北克省。荷槍實彈的士兵就站在街頭戒嚴，看誰敢鬧事。

魁北克解放陣線，被採取實際行動的警方光速摧毀，主犯全部落網。

然而魁北克的法裔毫不氣餒，硬的不行就來軟的，他們開始三不五時地搞獨立公投，還派代表遊說各國政要，想博得國際社會的同情。

1980年的公投，40％的人贊成魁北克獨立。1995年的公投，這個比例已經達到了49.4％，就差一步了。

為了掐斷魁北克的念想，1995年公投之後，聯邦政府開始從法律層面著手，加強對「魁獨」的限制。加拿大聯邦最高法院在1998年做出了裁決，認定任何省份無權單方面宣布獨立。

加拿大國會馬上跟進，根據這個裁決推出了《清晰法令》，繼續給「魁獨」者挖坑。首先，獨立派要取得絕對多數票，才能算是公投成功。至於絕對多數具體是多少，完全由國會說了算……

就算能達到這個標準，也要在由聯邦政府和所有省份都參加的談判中取得三分之二以上的支持票才能獨立。

這下票總夠了吧！！

也許夠了吧，可是各位聯邦兄弟，都是反對的呢！

這就相當於徹底堵死魁北克合法獨立的門路，鑑於魁北克自己沒有軍隊，想靠武力來非法獨立也是行不通的，所以加拿大終於能享受片刻的安寧了。

小加加，來喝果汁！

小加加，下來玩呀！

當然，僅僅是片刻，只要英裔和法裔的隔閡還在，魁北克就無法得到真正的安寧！

如今的加拿大，早已不再是英國的殖民地，是一個獨立而且強大的國家。
但移民時代的遺留問題，卻還持續影響著加拿大，撕裂加拿大的社會。

如何讓說法語和說英語，或者說其他任何語言的國民都能自豪地講出自己是加拿大人，自己願意為楓葉旗而奉獻，這是加拿大永遠繞不開的問題。

所謂國家，不僅僅是土地、海洋和天空，不僅僅是行政區劃分，更重要的是人們對它的認同。

5

巴西

天堂與地獄並存的國度

熱情似火的森巴女郎，在狂歡節上起舞；赤身裸體的土著人，在原始叢林的小河上漂流；身披黃綠戰袍的球員，帶球戲耍了一個又一個對手；持槍的蒙面黑幫，在貧民窟裡橫衝直撞……

每當看到這些畫面，大家都會馬上聯想起那個位於南美洲的遙遠國度——巴西。

話說回來，當我們聊起巴西，除了上述幾個畫面，實在很難再聯想到別的事物。

你說巴西取得過啥舉世矚目的成就？好像沒有吧。你說巴西有過什麼世界公認的偉人？根本數不出幾個。你說巴西參與了什麼國際大事？除了開過奧運會好像也沒有其他了。

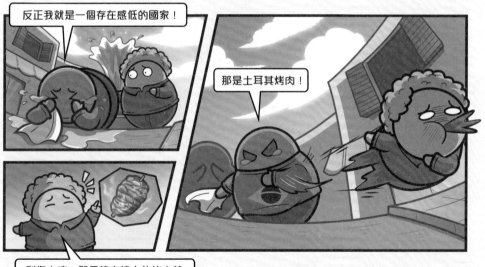

與超低存在感「不匹配」的是巴西非常豐厚的家底。

巴西國土面積超過851萬平方公里，居世界第五。巴西的人口有2.03億（2020），同樣是世界第五。

巴西還擁有全球五分之一的森林資源、近五分之一的淡水資源，各種礦物儲量也排在前列。

這樣的資本，一般國家做得到嗎！

這得天獨厚的條件，完全可以孕育出一個頂級強國。然而現實是，巴西只是沒啥存在感，也沒啥影響力的「大國」。

三分鐘

讓我們一起在巴西的歷史中探尋巴西是如何一步步發展到今天的吧！

巴西和其他的美洲國家一樣，屬於比較年輕的國家，是殖民時代才誕生的。反正劇本就是老樣子，這裡原本住著一大群印第安人，然後歐洲人從海上來，用堅船利炮打趴了原住民，把地盤據為己有。

1500年4月22日，葡萄牙船隊在巴西登陸。葡萄牙人看到這裡的海岸附近有很多紅木，所以決定讓這塊地也紅一把，給這塊土地取了巴西（Brasil）這個名字。

隨後的3個世紀裡，越來越多的葡萄牙人來此定居，他們建起了農場、港口，還挖掘礦產、開發森林資源。

與此同時，他們還帶來了大量的黑奴作為廉價勞動力。

葡萄牙移民、黑奴、印第安原住民，以及他們的混血後代，形成了一個新的族群——巴西人。

在大家的固有印象中，宗主國對於自己的殖民地的態度，應該是高高在上、頤指氣使。然而葡萄牙與巴西的關係並非如此，因為葡萄牙算不上頂級強國。

巴西這塊龐大的殖民地，是它在歐洲大聲說話的底氣，萬一哪天在歐洲被揍了，還要指望巴西救命。

1807 年，法國皇帝拿破崙入侵了葡萄牙，很快就占領了葡萄牙全境，葡萄牙女王瑪利亞一世果斷丟下了國民，溜到巴西避難。

為了贏得巴西人的支持，葡王室宣布葡萄牙與巴西的地位平等，並非宗主國與殖民地的主僕關係，是一個國家內兩塊領土的兄弟關係。葡王室還遷都至巴西，把國名改為葡萄牙・巴西・阿爾加維聯合王國。

瑪利亞一世沒想到的是，巴西人連兄弟都不想跟葡萄牙做了，滿心盤算著分家過日子，因為跟葡萄牙在一起實在太委屈自己的錢包了。

巴西賺錢的花樣不要太多，砍樹賣木材能賺，挖鐵礦石去賣也能賺，後來又發現了金礦，掀起了一波淘金熱。

巴西的氣候還特別適合種植，甘蔗往地裡一插，都不用怎麼管，就能長得又粗又壯。

然而巴西卻被葡萄牙當成了提款機，葡萄牙在外面打仗敗家，沒錢了就找巴西要，還是不打借據的那種。這麼一搞，不甘心打白工的巴西人就起了獨立之心。

正巧，瑪利亞的孫子佩德羅是巴西的攝政王，這小子挺有野心的，也想脫離家族自己闖，而巴西人也想獨立，這就不謀而合了。

1822年9月7日，佩德羅在軍隊和巴西人的簇擁下，拔劍高呼「不獨立，毋寧死！」。在這一刻，新的國家——巴西帝國誕生了。

然而獨立並不代表麻煩結束，當時西方的趨勢是國王們逐漸放權，建立民主的君主立憲制國家。而佩德羅想搞一言堂，他加冕為帝後獨攬大權，不給人插嘴的份，並且解散了代表民意的議會。

於是巴西人很不服，各地的人民起義接連不斷。經過數次「密謀─敗露─再密謀」的循環，1889年11月15日，幾位支持民主制的巴西軍官，終於成功發動了政變。他們帶著大批士兵逼宮推翻了佩德羅家族的統治，隨後宣布將巴西帝國改為巴西聯邦共和國。

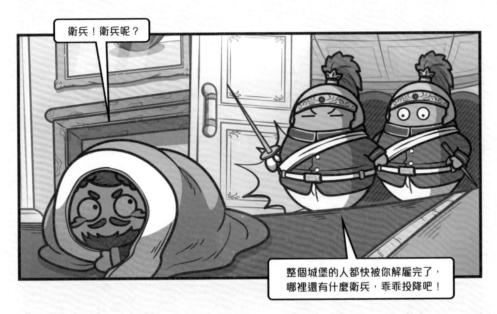

關於政體的問題總算是解決了，但巴西人總感覺哪裡不對，好像錯過了什麼大事？

是什麼呢？唉呀！是工業革命……

咱們前面說過，因為巴西地理條件優越，所以賺錢又快又簡單，挖礦、種東西就行。傳統農業在巴西的經濟發展中占據重要的地位。

鬧獨立和趕走皇帝的事導致政局動盪，加上繼任的幾任總統都是傳統農業寡頭集團的代言人，沒有進行過什麼工業經濟變革，致使巴西的工業發展緩慢。

情況糟糕到什麼地步呢？比如說巴西有很多鐵礦，但是鋼鐵產量卻不高，因為沒有先進的煉鋼的技術。

巴西盛產棉花，卻沒有什麼棉紡織工廠，只能把棉花賣到國外加工，再進口成衣。

在工業時代，掌握技術那一方，往往強過只能供應原材料的那方，因為原材料往往是可替代的，巴西建國後的數次經濟危機，充分說明了這個道理的正確性。

巴西有許多橡膠樹，一度壟斷了全世界的橡膠市場，但是其他國家大規模種植橡膠後，巴西的橡膠瞬間就難賣了，經濟遭受重創。

還有紅木、甘蔗、咖啡等，都遭遇了類似的情況。總之巴西依賴什麼賺錢，就會因為什麼而陷入經濟危機。

20世紀30年代，巴西經濟又到了崩潰邊緣，大批老百姓失業餓肚子。

危急時刻，巴西軍隊再次發動政變，一個叫瓦加斯的軍官成為總統。
他不遺餘力地推進巴西的工業化，撥款去修鐵路、公路、港口，並且鼓勵商人投資工廠。他還下令對進口產品徵收巨額關稅，以保護本土的工業。

瓦加斯執政時間長達18年，在他的任期內，巴西飛速地從一個農業國轉變為了成熟的工業國。上到飛機、輪船，下到小家電、衣服鞋子，都可以自己生產，甚至還能出口。

瓦加斯的繼任者也延續了他的基本政策，1968年到1973年，巴西國內生產總值年均增長率達11%以上，一度成為南美洲最富有的國家。經過這次經濟飛躍，巴西躋身「新興工業國」的行列，離強國這個身分越來越近了。

讓人沒想到的是，進入80年代後，巴西卻開始搞什麼「去工業化」。

就是人為降低工業在經濟中的比重，走回賣農產品和礦石的老路。巴西的經濟上升曲線就像被狠狠踩了一腳，瞬間就停止了。

賣農產品又怎樣，我照樣賣得出去！

一段時間後……

我是誰，我在哪裡，我在幹什麼……

三分鐘

這麼做的主要原因是欠債，巴西能以神速完成工業化，靠的是向外國銀行借貸，再拿貿易收入去還錢。

80年代全球經濟都不景氣，巴西的收入下降，很快就還不起錢了。

債主答應免去一部分錢，但是有個交換條件，巴西必須降低關稅、敞開國門。結果可想而知，低價的外國商品湧入，把巴西的民族品牌吊起來打。

所謂「去工業化」，其實就是一種體面的死法。在民族企業被徹底消滅之前，鼓勵它們轉行去幹別的，或者打包賣給老外……

於是巴西工業水準開始開倒車，70年代巴西曾是世界第二大造船國，如今船廠數量銳減，在品質和性價比上都難以跟亞洲的對手競爭，在汽車、製藥、電子等領域，巴西也和當年的輝煌漸行漸遠。

工業的衰退，對老闆們來說不是事兒，反正賣啥不是賣。

但是在中端崗位上的巴西人，只能去從事更低端的職業，比如說你以前是船舶工程師，現在只能去挖礦了；你以前研究農業科技，現在真的就只能去種咖啡了。

唉，沒想到我堂堂一個工程師，竟然淪落到養豬……

大衛！你怎麼在這兒？！

跟你一樣，討口飯吃……

三分鐘

這就造成了巴西的貧富差距被不斷拉大，2017年，巴西的貧困人口已經高達5480萬。

一牆之隔，這邊是豪宅花園，那邊是又髒又破的貧民窟。貧民窟成了犯罪的天堂，黑幫橫行，毒品交易氾濫，天天都會發生槍戰和鬥毆……

巴西的現狀就是，地盤特別大，人口也不少，潛力很好，大家也都知道它的存在，然而卻沒有人覺得巴西是個很強大的國家。

巴西的教訓告訴我們，一個國家的發展就像棋局，一步錯則步步錯，所以每一次出招都要謹慎。

6

瑞典

是中立還是利益為先？

1940年，世界大戰的陰雲籠罩了歐洲，以德國為首的法西斯勢力，在戰場上節節勝利，吞併了一個又一個國家。即使面對法國這樣的強者，法西斯都是毫不猶豫地動手，用坦克碾過去。

眼看著法西斯瘋狂擴張，歐洲大陸逐漸成為他們的後院。當法西斯的鐵蹄踏進冰天雪地的北歐，面對一個只有幾百萬人口的國家，他們開始猶豫了，糾結到底要不要打。

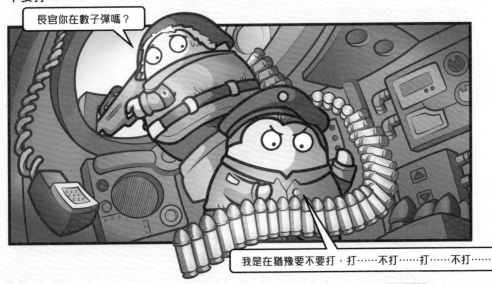

這個讓法西斯陷入沉思的國家，叫做瑞典。

現代中國人對瑞典的印象，只有「那裡好像很冷的樣子」，以及「簡約風家具還
不錯」。很少有人知道，瑞典是個歷史悠久的隱藏強國，強到讓瘋狂的法西斯都
冷靜下來，思考一下咬這塊硬骨頭會不會崩掉牙。

我們還要再冷靜冷靜！

真的還要繼續冷靜嗎？

瑞典的強大，來自得天獨厚的地理優勢，異常優秀的工業底子，還有極為機靈的外交政策。

我們從第一點開始說起，瑞典位於緯度比較高的北歐，但是它不像我們想像中那樣常年冰天雪地，因為旁邊的大西洋有暖流流過。

你確定到瑞典機場了嗎？

瑞典大部分地區的氣候都還較溫和，夏季平均氣溫14.2℃到17.2℃，冬季的平均氣溫也就－4℃到－2℃，比其他同緯度地區更溫暖。

在沒有集中供暖的古代，大家都願意住在氣候宜人的地方，考古學家在瑞典發現過有8000多年歷史的岩洞壁畫，證明自石器時代起瑞典就有人居住，專家推測這群先民是以捕魚、打獵為生的。

可是在之後的數千年裡，瑞典先民與世隔絕，發展緩慢。西元前 400 年左右，瑞典先民在瑞典南部逐漸建立起以農耕為主的村落，但農業技術還相對落後。一是因為瑞典的可用耕地不算多，二是因為瑞典比較偏遠，其他地區的農業技術傳不過來。

瑞典先民覺得與其在種地這門學問上費時費力追趕別人，倒不如開闢一條新路子，他們認為自己的未來在海上——划著船出去搶劫。

很巧的是，瑞典周圍幾個鄰居也在同一時代踏上了搶劫之旅，把整個歐洲攪得天翻地覆，許多沿海地帶變成了無人區。瑞典與它的好鄰居們被合稱為「北歐海盜」。

既然被看成了一夥人，那就索性一起過日子吧！1397年，北歐海盜們的後代成立卡爾馬聯盟，包含今天的瑞典、丹麥、冰島、挪威和芬蘭。

卡爾馬聯盟是當時歐洲最強大的國家之一，它掌握了當時歐洲北部海域的航線，光是靠貿易就能大發橫財。

然而卡爾馬聯盟內部不太穩固，聯盟的國王來自丹麥王室，不怎麼考慮瑞典人的感受，整天想著跟瑞典的交易夥伴開戰，這等於是要砸瑞典人的飯碗了。

為了自身的利益，瑞典就把矛頭指向了曾經是一家人的丹麥，並且在戰爭中獲勝，成了北歐霸主，也證明了自己才是最強海盜。

經過幾次抗爭之後，瑞典最終從卡爾馬聯盟中獨立，而新生的瑞典急於擴張勢力，屬於非常好戰的國家。

此後瑞典又攻打了今天的德國，還和俄國、波蘭幹過架，手氣好的時候拿下大片地盤，手氣不好的時候兵敗如山倒，把吃掉的地盤又吐了出來。

後來瑞典人算了下賬，好像從地盤上來看是沒輸沒賺，但陣亡將士的名單是越來越長了，還有位國王死在了亂軍之中，總體看下來還是血虧啊！

在這個時刻，瑞典人頓悟了，他們意識到靠打仗來賭國運風險很高，還不如少招惹別人，多花點時間埋頭幹活。從此瑞典開始實行中立的國策，並全力推行工業化。

自1814年開始，瑞典再未參與過任何一場戰爭，也不再加入軍事聯盟，和歐洲各國都維持著比較好的關係。

在安寧的環境下，瑞典自身的工業水準開始突飛猛進，並且邀請了大量國外專家來當老師，培養出了很多人才。

你們的技術發展非常快，相信很快就能造出「鋼彈雷」了！

三分鐘

如今世界上最有含金量的獎項之一——諾貝爾獎，其創始人阿佛烈・諾貝爾就生活在19世紀的瑞典。

他發明了非常先進的硝化甘油炸藥,並以此獲得了鉅額財富。

在同一時代,瑞典還有位著名的發明家叫愛立信。
他透過學習外國技術,製造了瑞典的第一部電話,並且發明了能同時接通多部電話的新型交換機。他當年創建的愛立信公司,至今仍然是通訊行業巨頭。

炸藥和通訊技術，只是當時瑞典工業騰飛的縮影。不管是造船、航空、軍火，還是紡織、化工，瑞典都有相關的產業，而且水準都很高。

其中瑞典最引以為傲的，要數鋼鐵產業。瑞典的土地下，藏有高達 36.5 億噸的優質鐵礦石，光靠賣礦石就能賺到爆。

這才是真正的家裡有礦！

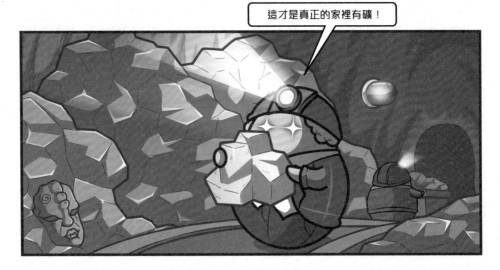

在工業水準提高之後，瑞典人為了多賣錢，又開始將鐵礦石煉成特種鋼材，可以拿來做裝甲、造大炮。瑞典還大量生產滾珠軸承之類的特殊金屬零件，這是精密機器離不開的東西。

20世紀初，整個歐洲都依賴著瑞典的鐵礦石和鋼鐵，要是斷鏈了，大家就一起倒楣。對瑞典來說，鋼鐵產業成為了外交的重要籌碼，也正是這枚籌碼拯救了瑞典。

你可是我們的鐵礦……鐵哥們啊！

時間來到我們開頭說的二戰，瑞典在戰爭開始之初就宣布中立，但是隨著法西斯在歐洲戰無不勝，勢力範圍越來越大，瑞典同西歐和世界其他地區的聯繫被切斷了，此時瑞典表現出了極強的求生欲，做出各種討好法西斯的舉動。

瑞典的對外貿易遭受了重大打擊。瑞典所需的化肥、煤炭、鍛鐵和擴充國防所需的工業品等都需從德國進口，作為交換，瑞典增加了對德國的出口，鐵礦石、特種鋼材要多少就賣多少，100％確保供應，這些物資在德國工廠裡變成了坦克、大炮、戰艦。

為了讓希特勒開心，瑞典果斷出賣了隔壁鄰居。瑞典旁邊的挪威也是中立國，但德國照打不誤，瑞典立即宣布，不會對挪威提供任何幫助。

瑞典甚至還允許德國借由瑞典境內的鐵路，向挪威運送「人道主義物資」。這個人道主義物資，是指全副武裝的士兵，以及各種武器裝備……正所謂「死道友不死貧道」，特殊時期沒辦法，兄弟你走好。

此後瑞典又對法西斯開放了自己的領海、領空，允許法西斯借道進攻他國，可謂是聽話到了極點。

注意注意！所有戰機迅速清空給我大哥讓路！！

在瘋狂搖尾的同時，瑞典也一邊齜牙。全國軍隊都進入戰備狀態天天搞演習，兵工廠也全速運轉。意思差不多就是我很乖很聽話，但是你來搞我，我會咬人。

瑞典這招確實有用，希特勒等法西斯頭目權衡再三：

自己想從瑞典身上得到的好處都已經拿到了，攻打瑞典反而得不償失。

自己會有很大的傷亡，還可能破壞瑞典的工業，導致鐵礦石和特種鋼材斷鏈，所以他們放棄了占領瑞典。

瑞典是爽了，只是苦了跟法西斯作戰的同盟國。當時英國媒體一致譴責瑞典是「偽中立」，如果瑞典不幫助法西斯，歐洲戰事可能幾個月內就會結束。

就連法西斯的高層也認為，少了瑞典的鐵礦石，根本沒法打一場像樣的戰爭。

在整個二戰中，瑞典幾乎沒有遭受任何損失，還從法西斯那裡賺到了大筆的真金白銀，是這場戰爭最大的受益者之一。嘗到了甜頭之後，瑞典決定將獨特的「偽中立」政策進行到底。

在此後的美蘇冷戰中，瑞典既不跟以美國為首的西方陣營，也不跟以蘇聯為首的東方陣營，是自成一派。

由於瑞典的工業底子好，它也不需要誰來供應軍火，自己就能武裝自己。瑞典還曾經嘗試過開發核武器，用來威懾美國和蘇聯。

如果細細來看就會發現，美國強勢的時候，瑞典就對蘇聯態度差，蘇聯強勢的時候，瑞典就喜歡跟美國唱反調。

比如（20世紀）70年代美國深陷越南戰爭泥潭，國力大大衰減，瑞典就一個勁譴責美國發動戰爭，還公然包庇美軍的逃兵，允許他們在瑞典避難，導致美瑞關係降到了冰點。

可能在瑞典人心中，見風轉舵是最好的生存方式，沒準哪天美蘇開戰，瑞典還能重演二戰時的劇情，成為歐洲最後的安寧之地，然後順便發一筆戰爭財。

然而瑞典沒想到的是，第三次世界大戰並未到來，蘇聯直接把自己給玩死了。世上只剩美國這個超級大國。愣了一下之後，瑞典馬上決定全面倒向西方陣營。

1995 年，瑞典宣布加入歐盟，並開始和美國眉來眼去，三不五時五就搞聯合軍事演習，假想敵自然是蘇聯的繼承者——俄羅斯。

雖然瑞典至今仍然堅稱自己是永久中立國，但地球人都知道，瑞典堅持了200年的中立政策已經名存實亡了。

哪有什麼「不偏不倚」？只有「識時務者為俊傑」！

7

芬蘭

芬蘭式孤獨

在這世界上，有一個神奇的國度，這裡的大多數居民都有社交恐懼症，他們極其內向，非常注重私人空間，並且習慣與孤獨相伴。

在這裡，人們等公車排隊時，人與人之間的平均距離是1公尺以上，他們寧可到月臺外面去淋雨、淋雪，也不願意靠近別人。

在這裡，很多公共場所的椅子都被設計成了單人座，為了避免人和人坐在一起產生尷尬，甚至還要把椅子交錯擺放，讓使用者不會因為視線交錯而難堪。

在這裡，人們準備出門的時候，為了逃避和別人打招呼這件事，會先從貓眼裡看看走廊，確認沒有鄰居之後再開門出去……

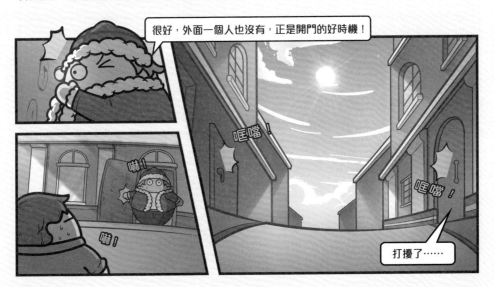

這個全民深陷社交恐懼的國家，就是北歐的芬蘭。

世界上有很多地方的居民性格外向，熱情似火，很喜歡與人打交道，但芬蘭人的性格整體偏向靦腆，不擅長也不喜歡社交。

芬蘭人中流傳著一個自嘲笑話，當對方跟你說話時不看著你，而是盯著自己的腳尖時，恭喜你，你遇到了內向的芬蘭人。

三分鐘

芬蘭人獨特的性格是怎麼養成的呢？
看完芬蘭歷史，你就會有答案了！

芬蘭是最接近北極的國家之一，有相當大一部分國土在北極圈之內。

13000年前，芬蘭完全是一片寸草不生的冰川，後來地球氣候逐漸變暖，芬蘭才逐漸有了生機。

在漫長的歷史中，芬蘭並不是一個獨立的國家，而是瑞典的一塊領土，被統治了長達6個世紀之久，非自願地跟瑞典同呼吸、共命運。

瑞典能騎在芬蘭的頭上，主要是因為芬蘭的人口很少、軍事力量很弱。

芬蘭的面積為33.8萬平方公里，而當時的人口卻只有幾十萬，而且人們分散在一個個小村落，難以聚集起來反抗。

但芬蘭絕大部分的土地都被樹林和湖泊所覆蓋，真正能住能用的地方不多，還被切割成了一小塊一小塊的。所以芬蘭人就如同滿天星，散落在這片土地上。村與村之間隔得遠，人們彼此也不怎麼打交道，大家都習慣了孤獨。

我們更喜歡和自己聊天！

別說村與村之間了，就是一個村子內部，居民之間的來往也不多，畢竟芬蘭冷啊！

有時候，芬蘭的冬天長達6個月，氣溫能低到 - 35℃，某些地方還有漫長的極夜，讓你50多天看不見太陽。

考慮到古代缺乏禦寒手段的情況，你肯定是不想冒死去鄰居家串門的。

因為芬蘭人沒啥凝聚力，所以瑞典也放開膽子欺負芬蘭，想打仗了就從芬蘭徵兵，缺錢花了就在芬蘭收重稅。

情況也如瑞典人所料，芬蘭最最最激烈的反抗，也不過是幾千人參加小起義，拿兩門大炮轟一下就鎮壓完畢了。

但是瑞典沒想到，強中自有強中手，芬蘭人治不了瑞典人，但俄國人可以。18世紀和19世紀，瑞典與俄國頻繁發生戰爭，最終瑞典戰敗，並將芬蘭作為賠償割讓給了俄國。

大哥，我送的禮物您還滿意嗎？

俄國覺得芬蘭人不說俄語，直接將芬蘭併進國土也不太好，就讓芬蘭人搞了個自治區，什麼事情都自己看著辦。

真乖，這錢拿去隨便花！

芬蘭人這時候才意識到，自己已經不再是瑞典的一部分，而是變成了一個獨立的族群。

也是在這個時候，芬蘭的民族主義開始抬頭，他們開始推行芬蘭語，取代曾經是官方語言的瑞典語，並嘗試建立一個真正的國家。

1917年，機會來了。沙皇俄國因為革命而不復存在，芬蘭馬上宣布獨立，俄國的繼承者蘇聯，也承認了芬蘭獨立的事實。

蘇芬兩國的關係是劃清界限了，但國境線沒劃清，為了爭地盤，蘇芬之間多次爆發戰爭。

面對強大的蘇聯，弱小的芬蘭為了求生，甚至願意向邪惡的納粹德國求助，只為了能多抵抗一會兒。

這也導致芬蘭在二戰結束時，被視為納粹的幫凶和戰敗國，被迫支付了大筆賠款，還割讓了很多土地。

你這是何苦，兜兜轉轉不還是落在我手裡了？

在嘗試獨立以及打仗的年代，芬蘭人有共同的目標和訴求，所以凝聚力是很強的，彼此間的羈絆也是最深的。如今成功獨立了，戰爭也結束了，也不用爭地盤了，芬蘭人失去了共同目標。

再這樣下去，我們就要被曬成鹹魚乾了……

於是，他們開始轉變，把實現個人自由、個人價值作為生活目標。說大白話就是，這個國家已經沒什麼追求了，作為國民，自己活得瀟瀟灑灑就行了。

而芬蘭的特殊國情，也為個人自由提供了空間，既有物理意義上的空間，也有精神上的空間，精神和物質都得到了一定的滿足！

咱們剛剛提到過，芬蘭是一個地廣人稀的國家，這一點在幾百年間毫無變化。

你可能在某些地方走上幾天幾夜都碰不到一個人，即使是在芬蘭首都這樣的繁華城市，也很少出現萬頭攢動的景象，因此留給個人的生活空間就很大。

芬蘭人這麼少，連個能問路的人都沒有嗎？

唉？

不好意思，先生，請問……

而且芬蘭從二戰之後就開始實行高福利制度，國家透過很高的稅率來獲得資金，然後拿錢提高國民待遇，人為縮小貧富差距。

爸爸，我想要那個！

要什麼自行車，等福利下來了，爸爸給你買迷你小轎車！

一個芬蘭人從還在媽媽肚子裡的時候，就開始拿國家的新生兒補貼，從小到大，讀書學費是全免的，學校還有各種各樣的補助金。

工作之後，生病了可以照領工資，醫藥費基本上可以全部報銷。你失業了，國家給你發高額救濟金；你退休了，還能拿養老金……

這種高福利制度，讓國民擁有相對平等的身分地位，也讓每個人有生活保障。芬蘭人的眼裡不只有面前的苟且，還永遠有詩和遠方。

他們可以自由自在地活著，去尋找屬於自己的快樂，不必藉由討好別人在社會上獲得一席之地——芬蘭的社會容得下每一個人。

在這種氛圍下，芬蘭人開始變得越來越「自閉」，彼此間的距離越來越遠。

因為自閉能避免無意義的社交，節約自己的精力，同時也能避免干擾別人，不給別人添麻煩，為別人留足自由的空間。

在戰爭結束幾十年後的21世紀，芬蘭已經變成了「全民社交恐懼」的國度。人與人謹慎地保持著距離，避免產生尷尬，誰都不願意靠近陌生人，與熟人也儘量減少接觸。

在每年的旅遊旺季，還有大量芬蘭人跑到偏遠的鄉下住，就是為了避開蜂擁而至的遊客。

夥計們，我們今天晚上開營火晚會吧！

失算了，沒想到現在流行農家樂……

當然，話說回來，芬蘭人並非真的恐懼社交。他們在某些特定場合，也是會搞社交的，即便彼此不認識，也能說上幾句話。

比如說在三溫暖的時候。由於芬蘭很冷，這裡的人特別喜歡蒸三溫暖，現在芬蘭總人口才500多萬，卻有超過300萬間三溫暖。

這些三溫暖裡的氣氛，完全不像公車站那麼拘謹。大家圍著毛巾、喝著小酒，隔著蒸騰的霧氣暢聊，什麼「陌生人安全距離」？不存在的。

與其說芬蘭人恐懼社交，倒不如說，他們喜歡在一個自己完全放鬆的狀態下，以快樂、陽光的心情去迎接與他人的交往。

這種微妙的平衡，給予了芬蘭人極大的幸福感。

在聯合國統計的《世界幸福指數報告》中，2018年、2019年、2020年，芬蘭連續三年奪冠成為世界上最幸福的國家。

但芬蘭並不是高枕無憂的，這個國家的幸福依賴於其他國家。

芬蘭的工業體系並不完整，它是靠幾家巨頭企業，輸出寥寥幾種尖端技術或出口產品來賺錢的。用這些錢買芬蘭無法生產的東西，再進口到國內給大家購買。

感覺錢包要被掏空了……

三分鐘

舉個例子，大家應該都聽說過諾基亞吧，曾經的手機巨頭品牌！

1998至2007年，芬蘭四分之一的經濟增長都來自諾基亞的做大做強，五分之一的出口額是諾基亞創造的，23%的企業稅收是諾基亞繳的。

像諾基亞這樣的巨人只要咳嗽一下，芬蘭經濟就會跟著打噴嚏，要是諾基亞倒下了，芬蘭就……

事實上，在科技飛速進步的時代，芬蘭已經有好幾家巨型公司因為沒有及時轉型而衰落，其中涉及造紙、能源等多個行業。

再加上近些年，整個世界經濟形勢都不太好，進出口額都很高的芬蘭，自然也免不了被波及。從 2008 年開始，芬蘭的經濟增長逐漸放緩，趨近於停滯。

這意味著政府能獲得的稅收就少了，但國民的福利待遇不能變，開支並沒有減少，導致政府的財政水準在警戒線附近徘徊。

太好了，今年國庫有餘，不是赤字！

如果這種情況得不到控制，要嘛芬蘭整個國家破產，要嘛就是高福利制度被取消。

我們要福利！

抗議！抗議！

感覺哪個都是死亡選項……

真到了那一天，芬蘭式孤獨將失去存在的基礎，人們無法再只按照個人意願活著。

芬蘭人也無法再享受甜蜜的獨處時光，而是要跟焦慮賽跑，要為了錢和地位而社交。

8

葡萄牙

大航海時代的舵手

這個世界上曾經出現過很多強國，它們一開始並不引人注意，但是會突然實力大增，在世界歷史上留下不平凡的一筆。處於歐洲大陸西南部的葡萄牙，就是這樣的一個國家。

不知道小夥伴們今天想起這個國家，會在第一時間想到啥？

或許大夥兒會想到足球巨星，比如C羅，又或許會想到葡萄牙是澳門的前宗主國。

不管怎麼說，都掩蓋不了一個事實，那就是現在的葡萄牙在國際上的存在感很低，國土面積也小得可憐，只有9萬多平方公里。但就是這樣一個「彈丸小國」，曾經在歷史上是一個全球性帝國。

在介紹它變成全球性帝國之前，讓我先講講葡萄牙是怎麼誕生的。

這還得從一樁婚事說起……

西元1093年，在伊比利亞半島上有一個王國，叫卡斯提亞王國。

那個時候，葡萄牙還跟西班牙混在一起，不分你我，都被這個王國統治著。但是這一年，王國的公主下嫁給了一位伯爵。

國王就把葡萄牙賜給伯爵女婿當封地，從這裡開始，葡萄牙跟西班牙分了家。沒過多久，公主生下一個孩子，名叫阿方索。

阿方索長大後，帶著軍隊跟卡斯提亞王國打了一架，還打贏了，之後於1143年正式宣布獨立，建立了葡萄牙王國。

往後一兩百年，葡萄牙經過幾代國王治理，推廣了葡萄牙語，還跟隔壁的西班牙明確了國界，成為歐洲第一個獨立的民族國家。

但是葡萄牙的地理位置非常尷尬——東邊被西班牙封堵，西邊被大海包圍。

這就導致了從東邊進口的各種生活必需品，比如香料和糖，一路經過中間商層層加價，到了葡萄牙已經貴得不像話了。

這就逼得葡萄牙只剩下一條路可走，那就是開闢海上航線，開拓一條能直接跟東邊進行貿易的航路，打破被中間商賺差價的局面。

西元15世紀初，歐洲其他國家還沉迷於陸地爭奪賽時，葡萄牙已經摩拳擦掌，提高航海技術，準備朝大海進發了。

這時候，也許是天佑葡萄牙，給葡萄牙送來一位航海王子——恩里克王子。

這位王子出生於14世紀末，據說從小就對軍事感興趣，終生未婚，把整個生命都獻給了葡萄牙的航海事業。

①遊戲中的最高稀有等級，指特級超稀有。

他利用自己的權力創辦航海專業學院，開設造船廠，培養了大量航海家，還四處招攬人才研發新型帆船和各種航海用具。

打好航海所需的技術和人才基礎之後，恩里克王子還為航海確立了國家政策，把地理發現視為國家目標。

根據《航海法》，你們這座島是我們的了！

1433年，恩里克王子從王子變成了親王。他用自己的財富前後資助了6次遠航，使得葡萄牙船隊海外探索的距離達到4000多公里，發現了不少新的島嶼。

在恩里克的鋪墊下，葡萄牙湧現出了一大批著名的航海家，大航海時代來臨，接下來就是一個個航海家的故事了。

1487年，航海家迪亞士帶領著一批探險隊起航，他們沿著非洲西海岸一直南下，直到繞過了非洲最南邊，發現了好望角，成功來到非洲東海岸，進入印度洋海域。

此時的迪亞士已經搞明白了，自己可能真的找到了一條通往印度的航路，他很想繼續往前航行，到達夢寐以求的印度，來驗證路線是否正確。

但他的船員們覺得太累，強烈要求返航，而且糧食和日用品也所剩無幾，逼得迪亞士只好掉轉船頭回家。

有了這一次的經驗，又經過了十年的準備，1497年7月8日，葡萄牙國王再次派出了一支由瓦斯科‧達伽馬帶領的航海探險隊。

瓦斯科‧達伽馬帶了150多名水手，循著迪亞士的路線，航行了將近4個月，他們來到了一個跟好望角相差不遠的地方。

這時，船隊遇到暴風，水手們又打了退堂鼓，紛紛要求返航，但瓦斯科‧達伽馬根本不買帳，他決定死也要找到印度。

就這樣，瓦斯科・達伽馬硬著頭皮一直航行到第二年的5月，他們終於到達了印度西南岸的港口城市——卡利卡特。

自此，歐洲到印度的新航線總算開通了，葡萄牙人也如願以償，發現了香料的原產地，接下來的事就好辦了。

葡萄牙借著新航線四處建立殖民地和貿易網，然後更是以霍爾木茲和果阿為戰略根據地，把整個印度洋的制海權順利收入囊中。

沿線的很多地方，比如麻六甲海峽、東印度群島，還有中國澳門，都被葡萄牙設立了據點。

到這裡，葡萄牙帝國橫跨亞非大陸的殖民布局儼然已經形成，但是這還不算完。

1500年3月9日，又一位葡萄牙航海家卡布拉爾，帶了一支由13艘船和1200多人組成的龐大艦隊，準備去征服印度。

可沒想到在路上，艦隊由於航線偏移，沒到達印度，反而誤打誤撞來到南美大陸的東部，發現了巴西。

卡布拉爾當時幾乎閃電般地宣布，巴西這塊土地以後歸葡萄牙所有了，隨即派出一艘船回家報信，後來葡萄牙人果然快速在這裡建立了殖民地。

差不多16世紀左右，葡萄牙帝國逐漸迎來了自己的全盛時代，成為一代海上霸主。

但是盛極必衰，這是亙古不變的道理。葡萄牙後來所走的路，就是不斷失去的路。隔壁的西班牙看葡萄牙混得那麼好，自己也加入了海外擴張的征途，葡萄牙一家獨大的局面很快被打破。

英國、法國、荷蘭這幾個國家，也經常來挖牆腳。葡萄牙人少地多，總有照顧不過來的時候，所以丟失幾個據點甚至幾塊殖民地，都是常有的事情。

當然，比這更糟糕的還是在1755年，葡萄牙首都里斯本發生了一場震級為8.7級的大地震，接連而來的海嘯和火災幾乎讓里斯本「一夜回到解放前」。

19世紀初，法國拿破崙的軍隊和西班牙的軍隊入侵了葡萄牙，里斯本再次被破壞，很多葡萄牙王室成員都跑路去巴西避難了。

後來沒過多久，在 1822 年，葡萄牙嘴裡最大的「肥肉」——巴西——獨立了，整個 19 世紀，葡萄牙幾乎失去了南美洲和亞洲的全部殖民地。

來到 20 世紀，這個帝國基本算瓦解了，但是還沒徹底死透，畢竟海外還有幾塊殖民地。

直到1999年12月20日，葡萄牙把澳門主權交還給中國，這個帝國的殖民史才算正式宣告結束。

五百多年的時間，葡萄牙從彈丸小國搖身一變成了世界強國，又搖身重新變回當年的西歐邊陲小國，也算是一個傳奇的國家了。

現在看來，葡萄牙已經失去了爭奪世界霸主的實力。

但作為發達國家的一員，葡萄牙的經濟依然發達，各項指標在各國裡也能排到中上游。

雖然殖民時代已然過去，但好好生活對葡萄牙人來說也是另外一種享受。重視足球的葡萄牙，足球水準處於世界前列，他們也還可以在足球場上找回一些昔日的榮光。

9

菲律賓

傭人之國

在咱們中國附近，有一些一衣帶水的鄰國，這些國家因為位置的關係，自古以來就跟中國有著千絲萬縷的聯繫。

雖然距離很近，但我們對它們卻不太瞭解，菲律賓就是其中之一。

從地圖上看，菲律賓的領土，就是由一大群細碎的島嶼構成的，主要有北部的呂宋島、中部的維薩亞斯群島、南部的民答那峨島、西南部的巴拉望島和蘇祿群島這四大島群。

在漫長的歷史中，菲律賓各個島嶼上都有人類居住生活，但是並沒有形成統一的國家形態，可能是島嶼太多，彼此太過分散導致的。

直到約西元900年，也就是中國處於唐朝末年的時候，呂宋島才出現了一個叫湯都王國的政體，中國史書稱其為東都。

東都靠著跟中國進行貿易，把中國商品轉手賣給其他島嶼賺錢。

但其實早在這之前，中國就已經跟這塊島嶼搭上了線。

西元226年，三國時期的東吳官員曾經到過菲律賓，還寫了一本書叫《扶南傳》，可惜現在失傳了。

後來，中國經歷了隋、唐、宋、元這幾個朝代，去往菲律賓早已變得熱門熟路。北部的呂宋島也聚集了不少華人，尤其以福建人居多，他們在這兒種田、做生意。

即便如此，在當時的中國統治者的眼裡，菲律賓群島仍舊屬於蠻荒之地。除了一些當地特產，他們也得不到太多好處，所以對這塊地方一直沒什麼興趣。

陛下，這是從菲律賓進貢的特產！

又是椰子？拿去給太子當球踢吧！

三分鐘

1390 年，菲律賓出現了另外一個國家——蘇祿蘇丹國，此時的中國正處於明朝。

沒過多久，在西元1405年的時候，鄭和第一次下西洋，帶著皇帝的詔書去了菲律賓群島，見了很多當地的福建僑商，還冊封了一位僑商作為呂宋的總督。

沒想到我竟然有這一天，實在是太幸胡（福）了！

四年之後，鄭和再一次下西洋，船隊又路過蘇祿蘇丹國。當時的蘇祿蘇丹國有三家王侯掌權，分別是東王、西王和峒王。

鄭和上了岸，跟權力最大的東王會了晤，還送了見面禮。但想不到這位東王是一個中國迷，對當時強大富庶的中國崇拜得不行，直接要求鄭和帶他到中國觀光旅遊，順便朝聖納貢。

可人家鄭和出來是幹正事的，豈能隨隨便便就返航，於是便拒絕了東王。但東王仍舊不死心，跟自己的兩個好夥伴西王和峒王一盤算，決定自己去。

1417年，三位國王結伴帶著家眷和官員組成了訪華使團，遠渡重洋登陸福建，一直到了北京，見到了當時在位的明成祖。可謂不遠萬里來稱臣，這一來兩方就確定了關係——藩屬關係。

但不幸的是，東王朝貢完在回去的路上生了病，醫治無效，最後把命留在了中國。明成祖以國王禮節厚葬了這位東王，西王和峒王則回到了老家。

在整個15世紀，菲律賓境內的蘇祿蘇丹國的日子過得還算平靜，跟中國的關係也隨著蘇祿蘇丹國國王的朝貢而變得不再那麼冷淡。

你們國王真是貼心，朕正好口渴了，快快坐下，我們一起喝！

過了15世紀，菲律賓的苦日子就來了，那是一段被蹂躪的歲月，事情的源頭，還得從一個航海家說起。

1519年9月，西班牙國王資助的航海家麥哲倫進行了第一次環球旅行。1521年，麥哲倫率領的西班牙遠征隊在航行中到了菲律賓群島。

為了感謝國王對自己的資助，麥哲倫以西班牙王儲之名「菲利普」的異音命名了這座群島，菲律賓這個名字便由此得來。

隨後，菲律賓迎來了被西班牙殖民的歷史。

1565年到1571年，西班牙人毫不留情地占了菲律賓絕大多數地盤，並建都馬尼拉。

地盤到手之後，西班牙推行了封建專制，西班牙駐菲律賓總督大權在握、獨斷專行，變著法子徵稅。

菲律賓人過著水深火熱的生活，但他們從未想過認命。在被殖民的300多年裡，他們掀起了多次反殖民起義，遍及整個群島，歷史上有記載的達一百餘次。

為了對付殖民者，蘇祿蘇丹國甚至在1726年決定向當時統治中國的清政府重新朝貢，恢復藩屬關係。

1753年，蘇祿蘇丹國還直接給乾隆遞上《請奉納版圖表文》，請求將本國的領土納入中國的版圖。

顯然，蘇祿蘇丹國是想找個靠山，但是很遺憾，乾隆對此並不「感冒」，他拒絕了蘇祿蘇丹國的請求，菲律賓人民只能靠自己了。

雖然起義多次被鎮壓，但菲律賓人並非一無所獲，隨著受教育的人越來越多，他們的民族意識逐漸覺醒了。

1892年，菲律賓貧民滂尼發秀組織了一個新的革命團體——卡蒂普南，它的成立標誌著菲律賓武裝革命的開始。1896年8月，滂尼發秀領導的起義軍開始向西班牙殖民軍進攻。

這次起義在首領滂尼發秀的帶領下，幾乎占領了呂宋島全境，直逼首都馬尼拉。但不巧的是，起義軍在半路上突然發生了分裂，一個叫阿奎納多的人殺了首領，自己做了首領。

這就導致了起義軍的實力被大大削弱，即便如此，菲律賓獨立已是人心所向。經過一系列的艱苦鬥爭，1897年11月，起義軍終於成立菲律賓共和國，阿奎納多任總統。

西班牙眼看著菲律賓獨立，但是心裡還是不想放棄，試圖誘降阿奎納多。

沒想到阿奎納多真的禁不住威逼利誘，同意繳械投降。他拿著西班牙人給的鉅款，解散了政府，跑路到了香港。

不願投降的起義軍則繼續艱苦抗戰，這個時候，美國站出來了，在菲律賓發動了對西班牙的戰爭，這樣一來，西班牙軍隊受到牽制，起義軍趁勢進攻。

在香港的阿奎納多，看到美國插手菲律賓獨立的事情，以為美國要幫菲律賓贏得獨立戰爭。於是，他又跑回來了，號召軍隊並跟美國一起推翻了西班牙的殖民統治。1899 年，他被革命大會選為菲律賓第一共和國總統。

但是，戲劇性的一幕發生了。前面剛趕走「西班牙狼」，「美國虎」又來了，兩年後，菲律賓第一共和國倒臺，菲律賓淪為了美國的殖民地，阿奎納多再次投降。

美國占領菲律賓後，菲律賓每年還是照樣爆發多次起義，但是起義軍的實力太弱，都以失敗告終。

美國人覺得菲律賓人的反美情緒太高漲了，不能再這樣耗下去了，於是推行了一系列政策。比如改革政治制度，拉攏當地有名望的人士，普及親美教育，將英語定為官方語言，等等。

經過幾十年的統治，菲律賓在經濟上幾乎完全依附美國，變成了美國的原料產地和商品銷售市場。它的政治體系也是複製美國的，可以說基本被美國同化了。

但是到了二戰前夕，尤其是經濟大蕭條出現後，菲律賓開始成為美國的一個包袱，美國不僅從這裡得不到多少好處，還得照顧它。

美國覺得繼續統治菲律賓實在不划算，於是乾脆出了一項法案，要求菲律賓獨立。

奇葩的是，菲律賓居然拒絕獨立，理由是這項法案損害了自己的利益。美國做出讓步，修改了法案，給了菲律賓十年的獨立過渡期，過渡期內仍舊給予照顧。

可是過渡期還沒結束，第二次世界大戰就爆發了。日本挑起了太平洋戰爭，菲律賓又被日本占領，第三次淪為殖民地。

①日語羅馬拼音，意為在這裡啪。

第二次世界大戰結束，日本人被打跑了之後，美國在1946年的國慶日宣布菲律賓正式獨立，注意，這還不是菲律賓自己宣布的。

從此以後，這個前前後後做了近四百年殖民地的國家，終於徹底獨立了。

獨立後的菲律賓，經濟經歷過幾次高速發展期。但因為政局動盪、貪污腐敗等，國內貧富差距比較大，底層人民只能外出打工。

親愛的，我和寶寶都會等你回來的！

比如很多女性就到海外去當傭人，菲律賓也因為被稱為「傭人之國」。

我想雇幾個年輕菲律賓女傭，你這裡有嗎？

暫時沒有女傭了，你要不要看看男傭？

因為地緣政治，菲律賓和中國還偶有摩擦，但是作為亞洲的「鄰居」，雷雷還是希望大家都能和平共處，共同建設好亞洲。

當然，前提是要互相尊重，互相維護對方的國家利益才是兩國友誼的最好基石。

10

印度尼西亞

萬島之國

上地理課的時候，不少人應該都曾好奇，印度尼西亞和印度是不是一對兄弟國家？為什麼它們的名字唸起來會如此相似？

儘管名字很像，但是他們之間的關係並非如大家所想的那樣……

印度是南亞次大陸上最大的國家，而印度尼西亞卻地跨亞洲和大洋洲，由無數海島組成。它和印度可不能算作親戚。

從地圖上看，印度尼西亞就是一大群細碎的海島。事實上，它由太平洋和印度洋之間17508個島嶼組成，也可以稱作萬島之國，是世界上最大的群島國家。每登上一個島，可能就會發現一個新世界。

因為印度尼西亞島嶼眾多，從西元前2世紀開始，許多島上都出現了獨立的王國，它們彼此之間誰也不服誰，在漫長的歷史中，竟然沒有形成一個統一的國家形態。

中國同它們的交往可以追溯到西漢時期，漢平帝曾派遣人前往印度，在回國的時候，出訪的人曾途經印度尼西亞。

沒想到這鳥不拉屎的地方還有國家……

東晉年間，高僧法顯也曾來到此處，在他所著的《佛國記》中，記錄了不少當地的風土人情。

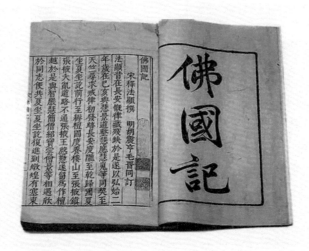

這些島上的小國，之後都有零星來中國朝貢的紀錄。不過，島上的居民除了來中國見識花花世界，雙方並沒有更多的接觸。

直到西元7世紀中葉，一個叫三佛齊的王國在印度尼西亞的蘇門答臘島開始崛起，它逐漸強大後，古代的印度尼西亞人才算正式和我們做起了生意，時不時還來我們國家送上自家的土特產。

唐朝和宋朝年間，海上貿易十分繁榮發達。不少中國人不僅去了今天印度尼西亞的蘇門答臘島和爪哇島做生意，還選擇在印度尼西亞定居，這些人也被認為是印度尼西亞華人的始祖。

此後，宋朝被元朝所滅，元軍對外四處出擊，一路殺到了印度尼西亞，印度尼西亞的軍隊最後殺退了元軍，雙方的關係也不再像從前那樣密切。

明朝時，三寶太監鄭和率領船隊開啟了下西洋的偉大航程，來到印度尼西亞境內，雙方的交往又開始密切起來。

鄭和下西洋的時候，那個在印度尼西亞的歷史上赫赫有名的三佛齊王國已經亡國。沒有了強大的政府的管制，這塊土地上的盜賊開始活躍了起來，其中勢力最強的，要數一個叫陳祖義的海盜。

這個陳祖義在明朝剛建立的時候便來到了印度尼西亞，成了獨霸一方的海盜頭子，平時做盡了壞事，不論是印度尼西亞當地人還是華人，都十分害怕他。

鄭和在第一次下西洋的時候，原本想把陳祖義招安，讓他改邪歸正，但是他不僅沒有接受鄭和的好意，還反過來襲擊鄭和的船隊。

陳祖義這個「反派」最後當然沒有成功，他和他的海盜同夥被鄭和一網打盡，陳祖義本人也被押回中國，接受了法律的制裁。

咱們商量一下，現在接受招安還來得及嗎？

經過這一仗，明朝在印度尼西亞各島迅速建立了威望，鄭和船隊裡的不少人也就此在那裡紮根，依靠著自己勤勞肯幹的優勢，在這片土地上發家致富。

你就多留一會兒，讓我們好好謝謝你們，你要不嫌棄的話，我女兒還沒成親呢！

那我就再多留一段時間吧！

而鄭和本人因為消滅了海盜，也受到了當地人的愛戴。在印度尼西亞各地，至今都流傳著關於鄭和的故事。

在今天的印度尼西亞的中爪哇省，有一座城市叫三寶壟，這個名字正是當地華人為了紀念鄭和下西洋所立的功績而起的。

鄭和為印度尼西亞趕走了海盜，帶去了太平的日子，但是好日子還沒過多久，新的強盜又來了。16世紀，歐洲殖民者開始踏上了印度尼西亞群島。

歐洲人過去受制於航海技術，無法進入這片區域。但是，在歐洲航海技術大大提升後，對歐洲人的全球大冒險來說，距離再也不是問題。

更為關鍵的一個因素是，自古以來，關於蘇門答臘島和爪哇島的傳說在歐洲就從來不曾少過。傳說這裡除了香料，更是遍地黃金。如今，航海技術愈發精進，歐洲人自然要來追尋傳說中的繁華之地。

有許多歐洲的冒險家乘風破浪來到這片區域，為自己的國家建立貿易站，在這些國家中，發力最足的是荷蘭。

為了擴張在東方的殖民地，荷蘭成立了東印度公司，它以爪哇島為中心，朝著周邊的島嶼拓展殖民地。

荷蘭人所掌控的這一大塊殖民地，之後也被稱為荷屬東印度，印度尼西亞今天的版圖，基本與之相當！

儘管殖民時代對各個島上的居民而言，不能說是一段美好的回憶，但是客觀來說，荷蘭人在這些島嶼上進行了大量的建設，同時奠定了印度尼西亞如今擁有廣袤土地的基礎。

漫長的殖民時代，在第二次世界大戰爆發後走到了末日。自然資源豐富，地理位置險要的荷屬東印度，成為日本人垂涎的對象。

第二次世界大戰中的荷蘭，早就被德軍占領。荷蘭本土整天都是水深火熱的，哪還有空關心海外的殖民地，日本軍隊沒花多大力氣就占領了這片廣闊的區域。

雖然在日本人的統治下，印尼人的日子並不怎麼好過，但是日本人卻把荷蘭人的統治基礎徹底摧毀了。第二次世界大戰結束後，日本無條件投降，身上沒有任何枷鎖的印尼人終於站了起來。

在日本宣布無條件投降僅三天之後，印度尼西亞就在首任總統蘇卡諾的帶領下宣布獨立，乾脆和荷蘭人來了個一刀兩斷。

印尼人想要獨立，荷蘭當然不答應，於是馬上派遣大軍前往印尼。儘管荷蘭本身的軍力不怎麼強，但是遇上臨時拼湊的印尼武裝隊，很快就占據了上風。

但在國際社會的譴責以及無法負擔戰爭開銷的情況下，荷蘭於1949年年底最終承認了印度尼西亞獨立的事實。

作為帶領印度尼西亞走向獨立的英雄，蘇卡諾成為了印度尼西亞的首任總統。不過，曾經的獨立英雄在成為國家領導人之後，並沒有帶領印度尼西亞更進一步，相反，國家經濟持續下滑，各地頻繁發生暴亂，他本人更是搞起了獨裁統治。

外面已經風聲鶴唳，蘇卡諾卻依然沉浸在花天酒地之中，絲毫沒有察覺到危險已經離他越來越近。1965 年，印尼軍人蘇哈托發動政變，把蘇卡諾趕下了台。

這場軍事政變造成了嚴重的傷亡，不少印尼華人也在這次事件中受到了迫害。

此後的幾年間，蘇卡諾一直過著被軟禁的生活，直到1970年病逝。

蘇哈托在發動政變後，直接掌控了最高政治權力，當起了總統。蘇哈托在任內致力於發展國家經濟、文化，加強與東盟、日本、印度和歐美國家的關係，恢復印度尼西亞與中國的邦交。

儘管印度尼西亞的經濟在蘇哈托執政的數十年間，憑藉發展出口加工業以及出售豐富的石油資源恢復了增長，每年可以保持將近7％的增長速率。

但與此同時，貪污腐敗的風氣在印度尼西亞盛行，國家經濟發展的成果並沒有完全落到普通老百姓手裡，社會矛盾極為突出。

按說想要緩解社會矛盾，最好的辦法就是讓更多貧窮的印尼人過上好日子，但是蘇哈托並不這麼想，他的辦法是讓印度尼西亞其他族群的人從印尼華人那裡「借」錢──其實就是去掠奪洗劫華人的財富。

哥幾個今天想借你的房子一住，你不會有意見吧？

印尼華人在當地耕耘了幾百年，憑藉著自己的本事踏入社會裡較為富裕的階層，但也因此遭到了仇富者的攻擊。

好的，老婆！我出門了！

路上小心，我準備好急救箱等你回來！

不少印尼華人在多次排華運動中受到嚴重的衝擊，為了免受更為嚴重的迫害，他們紛紛離開世代居住的家園。

而其中大多數華人都是社會精英，他們的離開對於印尼這個國家無疑是一個巨大的損失。

攻擊華人，並不能解決整個印度尼西亞的發展問題。完善自己的法律制度，減少貪污腐敗的現象，讓更多的貧苦人過上好日子，才是解決問題的最好的辦法。

說起來容易，做起來……

雷雷相信擁有世界第四多的人口、自然資源豐富、地理位置優越的印尼，會找到自己的強國之道，在正確的發展道路上變得越來越好。

任重而道遠啊！

11

紐西蘭

太平洋上的明珠

在南太平洋上，有一顆璀璨的海上明珠，過去幾千萬年來一直無人居住，如今它既保有地球最原始的樣貌，同時又是世界上最高度發達的國家之一，它就是紐西蘭。

浩瀚的太平洋上散布著眾多的島嶼，上面居住著一支叫做玻里尼西亞的民族。

他們有著逆天的航海技術，號稱工業革命之前最偉大的航海移民，僅僅靠著星星的指引和幾艘獨木舟，就幾乎把太平洋上的海島全部逛了個遍。

大約在西元950年至西元1300年左右，一小支玻里尼西亞人漂洋過海到了紐西蘭，成為了第一批踏上紐西蘭土地的人類。

當紐西蘭南島和北島上的山脈第一次冒出海平面，出現在他們的眼前時，山上的皚皚白雪連成了一大片，玻里尼西亞人還誤以為是一大片白雲。

等到他們靠近一看，才發現原來那是陸地，於是就將這塊土地命名為「Aotearoa」，意為長白雲之地。

這群玻里尼西亞人一上岸，發現這地方氣候宜人、風景秀麗，遠離塵世的喧囂，簡直就像仙境一般。

例如，有一種叫做恐鳥的生物，高度可達3公尺，長得比鴕鳥還高。

但它沒有翅膀，跑得也很慢，不怕人類，肉還香，殺一隻可以吃好幾頓，簡直就是玻里尼西亞人行走的儲備糧食。

這裡風景好，又不愁吃穿，真是堪比度假勝地，玻里尼西亞人一待就不想走了，在此安居樂業了起來，成了第一批定居在紐西蘭的原住民。

原本以為這種包下整座島當作度假勝地的生活能夠一直持續下去，無奈的是，到了17世紀和18世紀，歐洲正掀起一股地理大發現的熱潮。

當時有一批人堅信，北半球大陸這麼豐富多彩，南半球肯定也有點什麼，於是紛紛出海，尋找傳說中的南半球大陸。歐洲的探險家們就在這個過程中，偶然發現了紐西蘭，打破了這片土地的寧靜。

1642年，一位叫阿貝爾・塔斯曼的荷蘭船長，率領著兩艘商船抵達了紐西蘭西海岸，成為第一個見到「長白雲之地」的歐洲人。結果他還沒來得及到島上遛兩圈，就被島上的原住民嚇得沒敢再上岸。

雖然沒有成功登島，但總不能白來一趟，於是塔斯曼船長就畫了一些地圖帶了回去。後來，荷蘭人覺得這塊地和荷蘭老家的澤蘭省（Zealand）挺像的，才將此地命名為紐西蘭（New Zealand），這個名字也一直用到現在。

時隔一個多世紀，英國的探險家詹姆斯・庫克船長駕駛著「奮進號」，於1769年來到了紐西蘭北島的東海岸，終於成了第一個登上紐西蘭的歐洲人。庫克船長不僅沒被原住民趕跑，甚至還和他們聊了一會兒天。

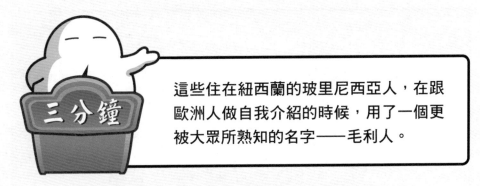

其實在他們的語言中，「毛利人」就是「正常人」的意思，對比他們後來一步的歐洲人，他們則稱之為「反常人」。

毛利兄，我這次航海是為了尋找南半球大陸，如今遇見你們，我也不虛此行了！

這麼晚才找到這裡，看來智商真的有點反常！

之後幾年，庫克船長又多次去紐西蘭「散步」，繪製了詳細的紐西蘭地圖，記錄了很多新奇的動植物以及毛利人的生活百態，逐漸向世人揭開了這片土地的神祕面紗。紐西蘭一度成為當時歐洲旅行的熱門目的地，吸引了不少商人、探險家和傳教士造訪。

到了19世紀，熱衷於殖民擴張、滿世界搶地盤的英國，也開始打起了紐西蘭的算盤。

在英國人的威逼利誘之下，毛利人酋長與英國簽訂了《懷唐伊條約》，交出了紐西蘭的領土主權，來換取英國的「保護」。從此，紐西蘭淪為了英國的殖民地。

一個地方被殖民了之後，被殖民的一方通常都沒有什麼好果子吃，毛利人也慢慢發現了英國人的貪婪——到處搶占土地，四處掠奪好東西。於是，毛利人決定奮起反抗。

要知道，毛利人可是出身於絕對的戰鬥民族，他們在戰鬥前會跳一種舉世聞名的戰舞——哈卡舞。

這種舞蹈就是一群打赤膊的彪形大漢不斷拍打自己的身體，有節奏地發出有力的叫喊，不時伸出舌頭模仿敵人被殺死的表情。

那模樣足以讓敵人還沒開始戰鬥就先嚇尿褲子，直到現在，各大體育賽事進行前，紐西蘭人仍然會用這個舞蹈來鼓舞士氣。

而跳完戰舞後的毛利人，個個像打了雞血一樣，戰鬥力爆表，或許正是因為毛利人是這樣難啃的硬骨頭，才一度讓打遍天下無敵手的英國殖民統治者陷入困境，暫時被迫承認了毛利王國的存在。

但是毛利人再勇猛，也難以抵擋槍支和火炮的威力，長達30年的毛利人起義，終究還是被英國鎮壓了。

雖然起義失敗了，毛利人卻成功爭取到了紐西蘭議會中的少數席位，和英國的其他殖民地相比，毛利人與英國人的條約也算相對平等一些。

那麼這樣的紐西蘭，又是如何搖身一變，成為現在這副模樣的呢？這就要從一種動物開始說起！

從19世紀開始，紐西蘭就開始大力發展農牧業。因為紐西蘭有著得天獨厚的自然環境，這裡的牛每天都像活在天堂，產出來的牛奶的品質自然也是一級棒。

這味兒真純！

靠著牛奶等乳製品，紐西蘭一躍成為了一個農業出口大國，羊肉、羊毛等產品的產值在世界上也是名列前茅。除了出口牛奶，紐西蘭也沒有放棄對工業的追求，不斷學習新的技術，提高生產效率。

我們計畫用機器擠奶，大家要好好配合，如果產量達標，就給你們放兩個月的長假！

哞……

哞……

對於保護自然環境的重視，也成功吸引了世界各地的遊客前來見識地球的原始風光，使得旅遊業成了紐西蘭的一大金字招牌。

有了錢之後，紐西蘭也不忘取之於民，用之於民。在福利制度上，它一直走在時代的前端。

1893年，紐西蘭成為了第一個給予婦女投票權的國家，在老年福利、最低工資標準以及兒少健康服務方面，紐西蘭也都算得上世界領先者。

虽然處在世界的一隅，紐西蘭也憑藉著自身的優勢發展成了一個高度發達的資本主義國家。

在各大機構對各個國家的教育、生活、經濟,以及幸福指數等各項指標的統計中,紐西蘭常年名列前茅,一度獲得「世界最好國家」的稱號。

如今的紐西蘭,雖然仍是英聯邦的成員國,但早已不再是英國的殖民地,而是成了一個具有獨立主權的國家。

當初為了家園浴血奮戰的毛利人，也與歐洲人的後裔一同成為紐西蘭文化中不可或缺的一部分。

今後的紐西蘭，也將一邊懷抱對原始和自然的敬畏，一邊追求先進的技術和理念，繼續發光發熱。

國家圖書館出版品預行編目（CIP）資料

賽雷三分鐘漫畫世界史／賽雷著. -- 初版. --
臺北市：臺灣東販股份有限公司, 2022.03-
1冊；17×21公分
ISBN 978-626-329-105-8（第2冊：平裝）

1.CST：世界史 2.CST：漫畫

711   110022482

賽雷三分鐘漫畫世界史 2

2022年3月1日初版第一刷發行
2024年3月1日初版第二刷發行

著　　　者　賽雷
主　　　編　陳其衍
美術編輯　黃瀞瑢
發 行 人　若森稔雄
發 行 所　台灣東販股份有限公司
　　　　　　＜地址＞台北市南京東路4段130號2F-1
　　　　　　＜電話＞（02）2577-8878
　　　　　　＜傳真＞（02）2577-8896
　　　　　　＜網址＞http://www.tohan.com.tw
郵撥帳號　1405049-4
法律顧問　蕭雄淋律師
總 經 銷　聯合發行股份有限公司
　　　　　　＜電話＞（02）2917-8022

TOHAN